QUE HORAS ELA VAI?

GUILHERME FIUZA

QUE HORAS ELA VAI?

1ª edição

EDITORA RECORD
RIO DE JANEIRO • SÃO PAULO
2016

CIP-BRASIL. CATALOGAÇÃO NA PUBLICAÇÃO
SINDICATO NACIONAL DOS EDITORES DE LIVROS, RJ

F585q   Fiuza, Guilherme
         Que horas ela vai?/ Guilherme Fiuza. – 1ª ed.–
         Rio de Janeiro: Record, 2016.

         ISBN 978-85-01-10744-2

         1. Política – governo brasileiro – Dilma Rousseff.
         2. Humor – sátira política. I. Título.

                                            CDD: 320
16-29639   CDU: 32

Copyright © Guilherme Fiuza, 2016

Todos os direitos reservados. Proibida a reprodução, armazenamento ou transmissão de partes deste livro, através de quaisquer meios, sem prévia autorização por escrito.

Texto revisado segundo o novo Acordo Ortográfico da Língua Portuguesa.

Direitos exclusivos desta edição reservados pela
EDITORA RECORD LTDA.
Rua Argentina, 171 – Rio de Janeiro, RJ – 20921-380 – Tel.: (21) 2585-2000.

Impresso no Brasil

ISBN 978-85-01-10744-2

Seja um leitor preferencial Record.
Cadastre-se e receba informações sobre
nossos lançamentos e nossas promoções.

Atendimento e venda direta ao leitor:
mdireto@record.com.br ou (21) 2585-2002.

Sumário

Nota do autor	7
Aloprados	9
BNDES	11
Bumlai	13
Cerveró	15
Chavismo	17
Coitadismo	19
CPMF	21
Cunha	23
Delcídio	25
Dilmês	27
Dirceu	31
Dólar	33
Edinho	35
Eleição	37
Esquerda	39
Fome	43

Impeachment	45
Imprensa	47
Janot	51
Lama	53
Lava Jato	55
Lula	57
Lulinha	61
Manifestações	63
Odebrecht	67
Pasadena	69
Pedaladas	71
Petrolão	73
Pimentel	77
Pixuleco	79
PT	81
Rebaixamento	85
STF	89
Vaccari	91
Zelotes	93
Nota	95

Nota do Autor

Pouco mais de vinte anos após a derrubada de Collor, o Brasil topou com uma nova estrela cadente. O caçador de marajás parecia insuperável, mas a mamãe dos pobres veio provar que a mentira tem perna longa — e pode levar mais de década para ser alcançada.

Dilma Rousseff bateu todos os recordes de Fernando Collor: superou seus índices de impopularidade, mostrou que era possível dar um tombo ainda maior na economia nacional e reduziu o Esquema PC a um roubo de galinha diante do Esquema PT.

Dilma bateu Collor também no quesito agonia: se o ex-presidente durou pouco mais de seis meses após estourar seu escândalo, a afilhada de Lula conseguiu ultrapassar um ano escandalizando o país — desde a descoberta de que sua reeleição foi financiada por pedaladas e petrolão.

Este livro é um roteiro da via-crúcis de Dilma Rousseff, a primeira mulher sapiens a presidir o Brasil — e certamente a última. Prenda a respiração (ou, em dilmês, estoque vento no pulmão) e prepare-se para cenas fortes: da reeleição ao processo de impeachment, você verá a marcha impressionante de um governo sem cabeça.

Aloprados

Preso o Duque da Petrobras, que operava com "Paulinho do Lula" as propinas para o PT. Lá vêm os aloprados perturbar os inocentes do Palácio.
novembro 2014

PF pega Duque escondendo 20 milhões de euros, graças à liberdade que ganhou dos ministros do Supremo. São os supremos aloprados.

Duque não conhece Youssef. Daqui a pouco saberemos que Dilma não conhece Rousseff. Eta gente desenturmada.
março 2015

A ascensão meteórica de André Vargas no PT foi esclarecida: ele era sócio do doleiro Youssef. A rota para o Olimpo petista é simples: siga o dinheiro.
abril 2015

Youssef se sentia "mais seguro" com a retaguarda do Planalto. Normal. O Planalto também se sente mais seguro com a retaguarda do Supremo.
maio 2015

Paulo Roberto Costa: Palocci pôs R$ 2 milhões do petrolão na eleição de Dilma. Poderiam ceder umas gotinhas para ver se o STF pega no tranco?
junho 2015

Presidente da Petrobras mandou operadores do petrolão pagarem dívida do governo a pedido de Lula. Quem tem aloprado não precisa de agiota.
agosto 2015

BNDES

Presidente do BNDES: "não há segredos", só "intimidade financeira". Pronto: denúncia de corrupção virou invasão de privacidade.

Pedalada fiscal é só a maçaneta do bordel. Governo Dilma tomou do Tesouro para o BNDES torrar: é um Robin Hood de si mesmo.
abril 2015

Oposição quer CPI do BNDES investigando lobby internacional de Lula. Só pode ser inveja do maior palestrante do mundo.
maio 2015

BNDES agora está torrando dinheiro do contribuinte para anunciar que é inocente. Esse governo ainda vai fazer propaganda de pedalada educadora.
julho 2015

Sem garantias, BNDES derramou R$ 108 milhões numa usina de álcool falida. Mas o cliente era Bumlai, então a garantia era divina.
novembro 2015

Bumlai

Na reunião sobre o navio-sonda que irrigou a eleição de Lula, Bumlai ficou só vendo um livro do Corinthians. Foi assim que levou uma bolada.
outubro 2015

Preso Bumlai, que entrava sem bater na sala de Lula. A dúvida é se agora Lula entrará sem bater na cela de Bumlai.

Bumlai, querido, agora você conta pra eles a história da sua linda amizade com o homem do povo, ok? Não vai mofar sozinho aí, homem de Deus!
novembro 2015

Na "lista dourada" do filho de Bumlai, lia-se "Dilma", "Petrobras" e "Estre" — triângulo que rendeu 1 bi a Bumlaizinho no governo da presidenta.

Defenda Dilma em mesa de bar, mas seja gentil e puxe cadeiras para Bumlai, Cerveró e cia. Sem eles você nem saberia quem é a Sra. Rousseff.
dezembro 2015

Cerveró

Cerveró está preso por comprar com propina um apartamento em Ipanema, e Vaccari está preso por alugar com propina um palácio em Brasília.

Áudio de Dilma na negociata de Pasadena foi apagado. O Brasil jamais vai ouvi-la cantando "você não vale nada, mas eu gosto de você" para Cerveró.
abril 2015

Cerveró, Barusco, Costa, Pessoa e Baiano disseram que o petrolão elegeu Dilma. Como ela já disse que é honesta, deve ter sido sem querer.
setembro 2015

Incrível: depois de oferecer uma fuga milionária, Delcídio pede uma barra de chocolate ao filho de Cerveró. Com o PT, nada sai de graça.
novembro 2015

Chavismo

PT sumiu com indicadores da miséria e travou a pesquisa de emprego em plena eleição. É um governo transparente como o fantasma de Hugo Chávez.

Barrado o decreto dos conselhos populares da companheira Dilma. Bateu na trave a criação da ditadura branca (com estrelinhas vermelhas).
outubro 2014

Diante do rombo, Dilma quer tirar a palavra "superávit" da norma de metas fiscais. Melhor tirar logo a palavra "corrupção" do Código Penal.
novembro 2014

O suicídio do procurador que denunciou Cristina Kirchner é tão provável quanto a denúncia de Dilma pelo procurador daqui. Quem procura não acha.
janeiro 2015

Dilma defende a democracia ao lado do companheiro Maduro. O próximo passo é convidar Fernandinho Beira-Mar para ministro dos Direitos Humanos.
julho 2015

A OAB está uma gracinha como advogada do PT, na coreografia contra doações de empresas. Enfim, a bravura é dela, ela aluga para quem quiser.
setembro 2015

Estado Islâmico dá um banho de sangue em Paris e aguarda a presença de Dilma Rousseff para continuar o diálogo.

Vestibular simulado pede resumo dos anos FHC, e a resposta certa é apagão. A inflação deve ter sido controlada pelo PT — e a História também.
novembro 2015

Ensino fundamental já tem livro com texto de Stédile. Ótimo. Toda criança precisa aprender a bloquear uma estrada e destruir uma plantação.

Maduro usa a Corte Suprema para sabotar a oposição no parlamento. Você já viu esse filme (ele está em cartaz num cinema bem perto de você).
dezembro 2015

Coitadismo

Crocodilma chorou falando da ditadura. Choro de gratidão. Graças ao regime militar, ela e o PT se mantêm como os coitados mais ricos do mundo.

Papa diz que o combate à fome é dificultado pelo lucro. Se preferir o prejuízo, pode vir fazer um workshop com o PT.
dezembro 2014

Professores vão às ruas no Paraná pelo direito de depredar a Assembleia Legislativa e de jogar pedras na PM tucana. A pátria educadora avança.

Quer tirar o mofo e recuperar a autoestima? Arranje uma briga com a polícia. Você vira herói progressista na hora.
abril 2015

Não há nada mais urgente hoje no Brasil do que apoiar Dilma contra o regime militar. Ela há de nos libertar desse inimigo falecido há trinta anos.
maio 2015

Maria do Rosário, musa dos rolezinhos, foi ao shopping e descolou uma ameaça de morte para postar no Face. Incrível a eficiência dos coitados.
junho 2015

Dilma "não confia em delator". Um dia o coração valente vai virar abóbora. Aí seus fiéis dormirão heróis sociais e acordarão ratos de esgoto.
agosto 2015

A tropa da rebeldia a favor vai compor um hino para a ocupação de escolas. Deve ser o de sempre: caminhando e cantando e seguindo o cifrão.
dezembro 2015

CPMF

Confirmado: Dilma vai propor a nova CPMF. Nunca um governo trabalhou tão bem para ser enxotado (e nunca foi tão incompreendido).

Para evitar mais queda de popularidade, Dilma chamará novos impostos de crowdfunding, informa o Sensacionalista.
setembro 2015

Novo ministro da Saúde propõe CPMF em dobro. É uma forma educada de perguntar, prezado brasileiro, se você é otário mesmo.

Ministro Rossetto: Previdência precisa da CPMF. Se o país tivesse mais tesoureiros como os do partido dele, nem precisaria de aposentadoria.
outubro 2015

Dilma quer CPMF aprovada em seis meses. É hora do Brasil esquecer as diferenças partidárias e se unir para pagar os pixulecos dos companheiros.
novembro 2015

Cunha

Cunha, o vilão, teve cinco citações na Lava Jato — contra onze de Dilma, que nem mereceu investigação. Puro preconceito contra a mulher.
setembro 2015

Eduardo Cunha é o vilão do Brasil bonzinho porque quem rouba com estrela no peito é herói.
outubro 2015

A vítima levou cinquenta tiros de fuzil, e a pedalada fiscal foi o chute no traseiro. Mas a investigação foi autorizada por Cunha, então é golpe.

Dilma disse que não aceita chantagem. Aí Cunha contou como ela tentou trocar impeachment por CPMF. Esses monstros não sabem guardar segredo.
novembro 2015

Jefferson revelou o mensalão, Cunha acatou o impeachment. Agora o Lobo Mau está vendo com o Darth Vader quem vai denunciar o BNDES.
dezembro 2015

Delcídio

"Como, um senador da República?", reagiu Delcídio ao ser preso. Que coincidência, senador: é exatamente essa a pergunta que o Brasil lhe faz.

Os companheiros afirmam que Delcídio é um petista recente. Fica a dúvida: a ocasião fez o ladrão, ou o ladrão fez a ocasião?

Após ficar bilionário, o jovem André Esteves foi fazer negócio com o PT. É o nosso príncipe Charles (que traiu a princesa com a bruxa).

Mulher de Delcídio quer delação, para que o marido preso possa passar o Natal com a família. Mas aí tem que devolver o dinheiro da ceia, né?

Berzoini: prisão de Delcídio foi uma tragédia. Realmente, companheiro. Um golpe cruel do destino num esquema bom, cheio de vida pela frente.

Dilma surpreende ao dizer que ficou perplexa com a prisão de Delcídio. Todos imaginavam que ela ficaria estarrecida.
novembro 2015

Dilmês

Dilma no Dia de Zumbi: "O Brasil se orgulha da sua cor." Então não seria melhor ela passar o cargo a Joaquim Barbosa e se exilar na Argentina?
novembro 2014

Dilma: trabalhador não perderá "nem que a vaca tussa". Já o Brasil não ganhará nem que a vaca devolva o dinheiro roubado. Mas 2023 vem aí.

Dilma deseja Feliz Natal "do fundo do coração". Só faltou esclarecer se esse fundo é o do Vaccari ou o do Delúbio.
dezembro 2014

"A corrupção é uma senhora idosa", afirma Dilma. É com esse tipo de confissão corajosa que se reconhece uma estadista.

Copiloto que derrubou avião disse que seria lembrado. Figueiredo disse que seria esquecido. Dilma também ia dizer algo, mas o teleprompter travou.
março 2015

Dilma diz que Petrobras vai garantir verba da educação. Então não seria melhor ter nomeado logo o Vaccari para o MEC?
abril 2015

Dilma diz que está fazendo do Brasil um país de classe média. Aplausos eufóricos da milionária elite vermelha.
maio 2015

A mandioca é uma das maiores conquistas do Brasil, declarou Dilma. Modéstia dela. A mortadela é hoje bem mais importante para o país.
junho 2015

Dilma diz que é hora de "pensar primeiro no Brasil". Brasileiros se apavoram com a ameaça e imploram a Dilma que continue não pensando.
agosto 2015

Dilma disse que "talvez possa ter errado". Ela provavelmente se refere ao momento em que desistiu de tentar a carreira solo em Pyongyang.
setembro 2015

Intérprete de Dilma ganhará R$ 160 mil para traduções em espanhol e italiano. Provavelmente pedirá o dobro para traduzi-la para o português.

Dilma Rousseff: "A humanidade desenvolveu a fabulação quando se tornou humana." Antes disso era desumana. Nem Maria do Rosário dava jeito.
outubro 2015

Crise política infla lucros de fabricantes de pixulecos. Ou seja: todo mundo estocando vento, como previu a presidenta.
novembro 2015

Dirceu

Dirceu levou R$ 886 mil de empreiteira da refinaria Abreu e Lima. Eleitor de Dilma pode alegar esquerdismo ou amnésia, mas é sócio do esquema.
dezembro 2014

José Dirceu: "A Petrobras é nossa e ninguém tasca." Disso ninguém tem a menor dúvida, companheiro.
março 2015

Já reapareceram Erenice, Palocci, Dirceu, mensaleiros... A plateia pergunta em coro: onde está Rosemary?
abril 2015

José Dirceu volta a ser preso, e governo do PT quer se descolar dele. Domingo também quer se descolar de segunda-feira.

PF faz busca, mas diz que casa de Dirceu estava limpa. Procede. A sujeira foi feita da porta para fora.
agosto 2015

Lula pede a Dirceu que saia do PT (Pixuleco para Todos). Partilha de grandes fortunas sempre desune as famílias.
setembro 2015

Lava Jato: Dirceu ainda escolhe ministros. Deve ser um xará desse que está preso pelo mensalão e pelo petrolão, senão Dilma já teria caído.
dezembro 2015

Dólar

Graciosa disse na CPI que o dólar alto faz mal à Petrobras. É como jogar um avião na montanha e dizer que isso faz mal aos passageiros.
março 2015

Dilma e Lula prometem a volta do crescimento. Só estão esperando um sinal verde do doleiro.
julho 2015

Dilma disse que está extremamente preocupada com o dólar. Então empatou. O dólar também está extremamente preocupado com Dilma.

O dólar e os termômetros estão disputando quem derrete o Brasil primeiro. O dólar é favorito, porque o El Niño não tem a máquina do PT.
setembro 2015

Para a economista Monica de Bolle, a troca de Levy por Barbosa equivale a trocar Zico por Obina. O dólar e a torcida do Flamengo concordam.
dezembro 2015

Edinho

Denunciado no petrolão, o tesoureiro Edinho Silva virou ministro. Aí é com o STF, onde a zaga companheira não deixa passar nada. Que timaço.
março 2015

É um erro vincular Lula e Dilma ao PT, diz Edinho Silva. Está certo. Também é um erro vincular o roubo ao ladrão. Chega de golpismo.
maio 2015

Edinho Silva repudia a investigação da campanha de Dilma. O tesoureiro da candidata foi ele mesmo — deve saber o que está fazendo.
agosto 2015

Edinho Silva informa que Temer não crê em impeachment, meia hora após Temer deixar o Palácio sem tocar nesse assunto. Delinquência vicia.
dezembro 2015

Eleição

Dilma promete fazer a mudança. Então que o frete não demore, e ela não esqueça suas apostilas no palácio.

Os candidatos disputaram quem é mais gay, mais coitado e mais alérgico aos bancos. O assalto à Petrobras deve ter acontecido no Afeganistão.
outubro 2014

Eleição da mala do ano: vitória esmagadora de Crocodilma. Mas Dias Toffoli só dará o resultado após a votação no Acre. Vem outra virada aí.
dezembro 2014

Contra a corrupção, Dilma quer um plebiscito para a reforma política. O plebiscito foi a eleição presidencial, companheira. E a corrupção venceu.
janeiro 2015

Dilma: campanha não teve "dinheiro de suborno". Ou provam que Vaccari é um anjo, ou a presidenta vai ter que levar um papo com a polícia.

Dilma conta como emagreceu 10 quilos. "Posso falar uma coisa: me esforcei, viu?" Para quem conseguiu secar a Petrobras, 10 quilos é moleza.
abril 2015

Após criar a propina legal e fazer a festa, PT vira herói do veto à doação de empresas. O Brasil merece ser esfolado por esses vagabundos.

O companheiro rouba, estupra e tenta arrancar uma CPMF da bolsa da vítima. Quando a polícia chega, ele propõe celibato eleitoral para todos.
setembro 2015

Esquerda

Ney Latorraca foi ofendido durante sua peça. Quem manda não votar no PT? Será que ele não sabe que estamos sob a ditadura do bem? Cuidado, Ney!

Caro progressista: a elite egoísta hoje é essa que você sustenta, achando que está votando num livro de Saramago ou numa canção de Chico Buarque.
outubro 2014

O eleitor progressista de Dilma está indignado com o Banco Central. Ele não votou na candidata dos juros altos, só na do petrolão.
dezembro 2014

Esquerda estarrecida com prisão de Vaccari. Vai acabar saindo um manifesto intelectual em defesa da propina legal.

Quem lamenta a morte do filho de Alckmin tem que lamentar junto a morte do menino no morro do Alemão. A aritmética da esquerda é assustadora.
abril 2015

Nascimento do bebê real britânico seria manobra da elite branca para tirar o foco do noticiário sobre o Dia do Trabalhador.

Aos queridos intelectuais que continuam fazendo proselitismo da resistência aos anos de chumbo: o chumbo mudou de cor, meus caros!
maio 2015

Presidente do PT diz que o Ibope não captou o sucesso de Dilma nos Estados Unidos. Nem o Ibope, nem os Estados Unidos.

O mundo progressista e culto apoia os caloteiros gregos. Se demagogia fosse ouro, a humanidade estaria salva.
julho 2015

A nova luta armada, anunciada pela CUT, não precisará arrombar cofres como antigamente. Seus padrinhos já estão cuidando disso.
agosto 2015

Esquerda recria a cadeia da legalidade, de Jango, para salvar Dilma do golpe. Só falta checar a lotação da Papuda (cada tempo com sua cadeia).
dezembro 2015

Fome

FHC: "Governo está pagando seus pecados." Não é verdade. Quem paga é o Brasil — por isso é que a gula dos companheiros não para de crescer.
maio 2015

Dilma vê "elevação atípica" no custo de vida. E o Brasil vê uma sucção atípica da sua economia por típicos parasitas.
junho 2015

Dilma chamou Carlos Lupi para reconquistar o PDT. Se você sentir uma fisgada no bolso é porque eles se entenderam.
julho 2015

Estádio mais caro da Copa, Mané Garrincha recebe pelada e tem déficit de R$ 11,7 milhões. Dilma 7 × 1 Brasil.
agosto 2015

Ministro da Educação dura seis meses na pátria educadora. É tempo suficiente para aprender a diferença entre ministério e teta.
setembro 2015

Os Correios serão entregues ao PDT! Se os brasileiros tiverem a sorte do companheiro Lupi, suas cartas agora chegarão de jatinho particular.
outubro 2015

Ministério da Pesca, símbolo do milagre da multiplicação de bocas, é extinto no ajuste fiscal. Levy aplaude a coragem da presidenta.
novembro 2015

Impeachment

Mistério: por que Renan Calheiros tirou Dilma da guilhotina? Circula nos bastidores que o Planalto prometeu a ele o penteado do Neymar.

Funcionário do cerimonial dá passagem a atletas paralímpicos e barra Dilma no Palácio. Que o Congresso siga o exemplo desse grande brasileiro.
agosto 2015

Pergunta oportuna do jornalista Sandro Vaia: se Dilma renunciar, o cargo continua vago?
setembro 2015

Dilma: "Este governo não está envolvido com corrupção." Verdade. A corrupção, coitada, é que está envolvida com este governo.

Dilma afirma que democracia brasileira é adolescente. Ou seja: terá que responder também por corrupção de menor.

Prefeito de Roma caiu porque pagou jantar com dinheiro público. O que aconteceria lá com um governante que pagasse seu mandato com dinheiro público?
outubro 2015

Cada vez mais mulheres irrelevantes posam nuas após seus quinze minutos de fama. Dizem que a *Playboy* desistiu da nudez com medo do impeachment.

Delcídio seria elo do petrolão com governos Lula e Dilma. Incrível ver um impeachment movido a pedaladas com todo esse combustível no tanque.
novembro 2015

Coleção primavera-verão: com a admissão do impeachment, o tomara que caia usado por Bussunda em homenagem a Collor está na moda de novo.
dezembro 2015

Imprensa

Perfis de jornalistas na Wikipédia são sabotados de dentro do Palácio do Planalto. Normal. O Watergate no Brasil seria uma briga de comadres.

Toffoli barra propaganda da *Veja*. Orlando Silva, ministro ficha suja, comemora atentado à Abril. É a festa da democracia (ingressos a R$ 1,99).
outubro 2014

A verba de comunicação institucional (catequese) subiu 1.000% na era PT. Com R$ 1,2 bilhão dá para entender a garra dos blogs a favor.
janeiro 2015

Manifesto diz que PT é "criminalizado" e propõe controle da imprensa. É mesmo um crime essa intromissão da mídia na festinha do petrolão.
março 2015

Lula: revistas que mostraram que ele é suspeito de tráfico de influência são "lixo". Esses palestrantes da Odebrecht só leem revista chique.
maio 2015

Na FAO, Lula diz que mídia tentou sabotar o Fome Zero. Jamais conseguiria. O Fome Zero foi tão bem sabotado por seus autores que nem nasceu.
junho 2015

Lula processa *O Globo* dizendo que o triplex no Guarujá não é dele. Se o ex-presidente estiver sem teto, pode pernoitar na suíte do Vaccari.
agosto 2015

A presidenta heroína dos anos de chumbo aprovou uma lei de imprensa igualzinha à da ditadura. O PT inventou a censura democrática.

Lula só vê desgraça e corrupção na TV: "Não tem notícia boa." Verdade. Ninguém mostra o salto do PIB com a venda de tornozeleiras eletrônicas.
novembro 2015

Neta de Lula mente para atacar *O Globo*. É a prova de que o DNA do messias atravessa intacto pelo menos duas gerações.

Testemunhas confirmam: OAS fez triplex no Guarujá para Lula. Mas ele desistiu do apê, porque a mídia invadiu sua privacidade com a empreiteira.
dezembro 2015

Janot

Janot reclama de pressão e diz que investigação da Lava Jato é impessoal. Verdade: ele esconde Dilma com total isenção, doa a quem doer.
maio 2015

Na lista de Janot, o petrolão parece um desastre natural, uma nevasca de propinas que caiu sobre os políticos brasileiros — e os petistas nem notaram.
julho 2015

Janot: "Pau que dá em Chico dá em Francisco." É isso aí. E pau que não dá em Lula, não dá em Luiz Inácio. Nem em Dilma.
agosto 2015

Esclarecimento urgente à polícia: Rodrigo Janot e Ricardo Teixeira não são a mesma pessoa. Apenas foram casados com o mesmo governo.
setembro 2015

Até a biografia não autorizada da Virgem Maria já saiu, e nada de investigarem a mulher sapiens.

Janot pede salário mínimo para presos. Sempre defendendo os companheiros...
outubro 2015

Janot, Renan e Adams contestam rito do impeachment: na Constituição não está claro que roubar com estrelinha no peito seja crime.
dezembro 2015

Lama

Dilma promete R$ 6 bilhões às vítimas do tornado no Sul. Pode usar os R$ 6 bilhões subtraídos das vítimas do petrolão (se não for fazer falta).
abril 2015

Dilma e Fernando Pimentel sobrevoaram a lama de Mariana e concluíram: "A gente faz muito melhor que isso."
novembro 2015

Dilma sobrevoa enchentes no Sul e tranquiliza população: "A destruição causada pelas chuvas é bem menor que a provocada pelo meu governo."
dezembro 2015

Lava Jato

PT: "Demos autonomia à PF para investigar." Pura modéstia. Importante mesmo foi terem dado autonomia ao seu pessoal para roubar.
novembro 2014

O PT criou a propina por dentro (convertida em doação legal). Com recibo, tudo certinho. Parem de perseguir quem está roubando honestamente.
fevereiro 2015

Lula: "A Petrobras não tem que ficar um século discutindo Lava Jato." É isso aí. Vamos apressar a prisão dos chefes da quadrilha.
abril 2015

PT diz que doações de presos foram legais. Renata Lo Prete traduz: a tática no mensalão era alegar caixa dois; no petrolão é alegar caixa um.

A Lava Jato prendeu donos de empreiteiras pela teoria de domínio do fato (autoria indireta). Qual teoria valerá para Dilma? Domínio do caixa?
maio 2015

Obama grampeou Dilma? Por favor, Mr. President, conte tudo ao juiz Sergio Moro.
junho 2015

Dilma disse que a Lava Jato derrubou o PIB. Sergio Moro tem que parar com essa mania de prender as pessoas que fazem o dinheiro circular.
agosto 2015

Gilberto Carvalho: "A Lava Jato é uma palhaçada para desmoralizar Lula." Então os palhaços chegaram tarde. O serviço já foi feito pela vítima.
outubro 2015

Lula

Custa R$ 6.800 a diária da suíte de 105 m² do Copacabana Palace onde Lula foi relaxar depois de atacar as elites em comício eleitoral.
outubro 2014

Lula apoia Vaccari no petrolão: "Na dúvida, fiquem com o companheiro." Como ninguém tem mais dúvida, serve uma certeza não contabilizada?
fevereiro 2015

Léo Pinheiro, dono da OAS que tanto ajudou Lula, também ajudou Rosemary, a ajudante carinhosa, a não ir presa. É uma gente solidária.
abril 2015

Ricardo Pessoa disse que, além da propina por dentro para Dilma, pagou propina por fora para Lula. Normal. Caixa dois todo mundo faz.

Companheiro Mujica: segundo Lula, o mensalão era a única forma de governar o Brasil. Hoje, felizmente, já temos o petrolão e derivados.
maio 2015

Lula manda usar a "máquina poderosa" do governo para limpar mentira de Dilma. Se sobrar um troco, podem ver se tem algum hospital precisando.
junho 2015

Luiz Inácio da Silva afirma que não fez lobby. É verdade. Como filho do Brasil e enteado da Odebrecht, ele não precisa disso.

Justiça portuguesa apura negociata de José Sócrates, o ex-primeiro-ministro preso, com Lula. Maduro e Evo Morales estão morrendo de ciúmes.
julho 2015

"Estou cansado de mentiras e safadezas", diz Lula. Os companheiros agora deram para se confessar em público.
agosto 2015

Lula disse a Dilma que ela é incompetente. Injustiça. Incompetentes são os que votaram nela. E lunáticos os que votaram de novo.
outubro 2015

Lula está na Alemanha executando seu novo plano: falar só com quem não entende o que ele diz. É bem mais seguro.

Papai Noel, pus meu sapatinho na janela e ele sumiu. Noel: Quem mandou confiar num cara de vermelho e barba branca que diz defender os pobres?
dezembro 2015

Lulinha

O dono do apê de R$ 6 milhões de Fabio Luiz, o Lulinha, é o mesmo dono da fazenda de Lula, montada pela OAS. Os Silva, coitados, não têm nada.
abril 2015

Baiano, do petrolão, diz que pagou despesas da nora de Lula. PC Farias viveu mesmo na época errada (antigamente isso dava um problemão).

Lulinha nega relação com Fernando Baiano. Ele mal sabe quem é Lula.

O Brasil está enganado em relação ao Lulinha. Na verdade, ele é o Lulão.
outubro 2015

A usina de Bumlai que levou meio bilhão do BNDES — e faliu — ficava no mesmo endereço da empresa dos filhos de Lula. Mundo pequeno.

Cardozo pede explicação à PF sobre intimação de filho de Lula. O que, afinal, o ministro quer saber? Quando vão intimar o pai?
novembro 2015

Lula não sabia do mensalão, não sabia do petrolão e, segundo a PF, também não sabia os nomes das suas noras. É um inocente nato.
dezembro 2015

Manifestações

Petistas querem saber quanto pagaram aos manifestantes contra Dilma em Brasília. Eles desconhecem a democracia não contabilizada.
dezembro 2014

Um teólogo de esquerda disse que o ato de 15 de março é coisa das elites que não ouviram a mensagem de Jesus. Pelo visto, o céu também já é deles.

Patrulha: o verde-amarelo vestido contra Dilma virou "camisa da CBF". Agora falta acusar o povo de se transportar com gasolina do petrolão.

Tensão no Zorra: após o pronunciamento do governo, é quase certo que duas vagas sejam perdidas para Cardozo e Rossetto. A dupla é sensacional.
março 2015

Eufórico após os protestos, Planalto avalia que em 15 de março Dilma era odiada e em 12 de abril apenas detestada.

Se houver 100 mil na praia e um idiota levantar um cartaz pedindo intervenção militar, a notícia será: banhistas querem a volta da ditadura.

Dilma cancela pronunciamento no Dia do Trabalho e frustra as panelas brasileiras.
abril 2015

Dilma explica que "é preciso nos acostumar com as vozes das ruas". Ela até já mandou consertar o aparelho de surdez.

Lula: "Tem que prestar atenção nas pessoas que não protestam." Isso aí. E nas que não roubam.
maio 2015

Segundo as ruas, Lula é 171. Segundo o Datafolha, no máximo 170.
setembro 2015

Só haverá impeachment se os brasileiros sacaneados cercarem o Congresso Nacional. A alternativa é pedir emprego à nora do Lula.
outubro 2015

Você faz bem em não ir para a rua. Espere o PT bater na sua porta e pedir uma comissão para manter a luz acesa. Aí talvez seja a hora de agir.
dezembro 2015

Odebrecht

Joaquim Barbosa pede a demissão do ministro Cardozo, flagrado ajudando advogados de empreiteiros no petrolão. Ele não entende a solidariedade.
fevereiro 2015

Ao ser preso, Alexandrino Alencar, lobista da Odebrecht, ligou para o Instituto Lula. Seria para avisar que não poderá ir à próxima palestra?

O pagador de propinas da Odebrecht, preso na Lava Jato, levou Lula a três países. Normal: bons palestrantes viajam sempre em boa companhia.
junho 2015

Joseph Blatter, padrinho de Lula e da Odebrecht no sonho bilionário do Itaquerão, renunciou para fugir do FBI. Fica a dica, companheira.
julho 2015

Grampo da PF pega Lula acertando os ponteiros com a Odebrecht. O gigante está dormindo ou em coma?

Arena Pernambuco, Abreu e Lima, Odebrecht e Lula. Ganha um sanduíche de mortadela seminovo quem adivinhar o que esse quarteto tem em comum.
agosto 2015

Lula disse que ficou cinco anos sem dar entrevista para não influenciar. Esse que você ouviu falando pelos cotovelos foi o palestrante da Odebrecht.
novembro 2015

Pasadena

Diplomada no TSE, Dilma propôs um pacto contra a corrupção. A dúvida é se os critérios serão os mesmos da compra da refinaria de Pasadena.
dezembro 2014

Um mês antes da compra de Pasadena, Paulo Roberto Costa foi tratar do assunto com Lula. O presidente deve ter tapado os ouvidos, horrorizado.
junho 2015

Cerveró: Pasadena deu R$ 4 milhões à campanha de Lula em 2006. Na época, ele estava se desculpando pelo mensalão, nem deve ter notado o cachê.
setembro 2015

Pasadena: dez altos funcionários da Petrobras receberam propina. Devem ter escondido tudo na cueca, porque a presidenta do Conselho não viu.

Voz de Delcídio: Dilma sabia de toda a mamata de Pasadena, segundo Cerveró. Só 50 mil mensais por um silêncio desses, senador? Que pobreza.
novembro 2015

Pedaladas

Dilma disse que seus adversários defendiam os bancos privados. Já o PT defende o uso privado dos bancos públicos.
janeiro 2015

Em plena lama do petrolão, Dilma é acusada por pedaladas contábeis. Vale lembrar que Al Capone caiu por causa do imposto de renda.
abril 2015

Segundo o site Sensacionalista, Dilma está convicta de que não vai cair: "Pedaladas foram dadas com rodinhas."
julho 2015

Gilmar Mendes: Dilma não precisará de um Fiat Elba como Collor. Exato: ela cairá pedalando, o que já é uma bela economia.

Lula diz que Dilma pedalou para ajudar os pobres. É verdade: treze anos de fraudes para ajudar os pobres a ficarem mais pobres.
outubro 2015

Dilma rasga a meta fiscal de 2016 "para combater o zika". É a pedalada viral.

O Tesouro alertou Dilma em 2012: a contabilidade criativa rebaixaria o Brasil. Ela continuou pedalando ladeira abaixo. Homicídio doloso.
dezembro 2015

Petrolão

Dilma reclamou das delações na Petrobras em época de eleição. Mas roubar a empresa está liberado em qualquer época.
outubro 2014

Dilma promete "resgatar a imagem" da Petrobras. Com a renda do petrolão dá para comprar toneladas de batom e rímel. A estatal vai ficar linda.

Petrobras terá diretoria "para cumprir a lei". Genial. Imagine quanto será a comissão para um diretor com esse status? Eles pensam em tudo.
novembro 2014

Petrobras decreta "tolerância zero com suborno". Não revelou de quanto era a tolerância antes. Não seria melhor reduzir aos poucos?
dezembro 2014

Balanço da Petrobras incluirá perdas com corrupção. O próximo passo é botar o roubo dos companheiros no PIB. Aí ninguém segura esse Brasil.

Depois que Dilma tomou posse defendendo a Petrobras, qualquer piada está liberada — até com Maomé. O Estado Islâmico não sabe o que é escárnio.
janeiro 2015

Barusco: petrolão foi "institucionalizado" pelo PT. Agora se entende a luta contra a privatização da Petrobras: essa gente morreria de fome.
março 2015

Dilma diz que Petrobras "já limpou o que tinha que limpar". Não é verdade. Ainda falta levar as calças do contribuinte.

Petrobras, rebaixada para risco especulativo, pega R$ 6,5 bi com BB e Caixa. Parabéns, contribuinte. Você virou acionista majoritário do petrolão.
abril 2015

Petrolão continuou após Lava Jato. O PT é o cupim do Brasil, e não dá para pedir: senhor cupim, poderia parar de devorar a mobília até 2018?
agosto 2015

Pizzolato fugiu no mensalão e voltou no petrolão. Ou seja: completamente fora de moda.
outubro 2015

O mensalão e o petrolão não levaram Dilma e Lula ao banco dos réus porque este é um país sério que está ocupado bloqueando o WhatsApp.
dezembro 2015

Pimentel

PF: Fernando Pimentel, amigo de Bené (preso) e de Dilma (solta), recebeu quantia indevida do BNDES. O dinheiro sem dono persegue este rapaz.
junho 2015

Pimentel pede quebra de sigilo telefônico de repórter. Vamos combinar: o repórter revela suas fontes se Pimentel comprovar suas consultorias.
outubro 2015

O governador de Minas está tendo atuação destacada no acidente de Mariana. É impressionante como Fernando Pimentel se move bem na lama.
novembro 2015

PF: a irrigação do Esquema Bené, de Pimentel, pela montadora Caoa, envolve o BNDES e favores fiscais do governo Dilma, a honrada.
dezembro 2015

Pixuleco

Dilma critica "vale-tudo" na política. Tem razão. Só vale tudo para quem tem estrelinha no peito e pixuleco na mão.
julho 2015

Pixuleco de vereador do PT era 40 milhões de reais. Em crise está você, otário, que não se filiou ao partido certo.

Pixuleco, o boneco inflável de Lula 171, foi esfaqueado por petistas. O atentado dificulta ainda mais a estocagem de vento pedida por Dilma.
agosto 2015

A pergunta de 1 milhão de pixulecos: quando a lista de Janot vai incluir a mulher sapiens, citada mais de uma dezena de vezes na Lava Jato?
setembro 2015

Dilma diz na ONU que o Brasil não tolera corrupção. Ela só não contou como foi eleita porque seria difícil traduzir pixuleco para o inglês.
outubro 2015

PT

Resumo da Primavera Burra de 2013: a revolucionária e destemida Mídia Ninja terminou contratada pela campanha da companheira presidenta.
novembro 2014

PT vai processar Aécio por danos morais. Os danos estão aí. A moral eles vão pedir para o doleiro arranjar (tem umas bem baratas no paralelo).
dezembro 2014

Governo petista lança pacote anticorrupção para o país, e Estado Islâmico lança linha de shampoos para reféns.

PT defendeu o nacionalismo por décadas para poder estuprar a maior das estatais. É uma espécie de padre pedófilo da política.
março 2015

PT proíbe diretórios de receber doações de empresas. Poderia aproveitar o surto ético e doar ao Brasil tudo o que lhe subtraiu.
abril 2015

Presidente do PT diz que o Ibope não captou o sucesso de Dilma nos Estados Unidos. Nem o Ibope, nem os Estados Unidos.

Se o Brasil honesto se rende à gangue companheira, que o PT seja explodido por um picareta. Quem não tem herói caça com vilão.
julho 2015

PT levou milhões em espécie pelo pré-sal e Belo Monte. Mas o Brasil quer prova mais concreta — talvez uma selfie de Dilma com a mala de dinheiro.

PT anuncia que sairá às ruas. Agora vai. Por via das dúvidas, a presidenta está importando um estoque extra de mortadela da Venezuela.
agosto 2015

Gente que roubou não pode chamar petista de ladrão, afirma Lula. E gente que matou não pode chamar Hitler de assassino. Está tudo em casa.
outubro 2015

Poupando trabalho ao PT, aqui vai o vazamento do tema do Enem 2016: resuma os últimos treze anos e reformule a expressão "o crime não compensa".

Gabeira: o Brasil desmoralizou a instituição do batom na cueca. A mancha veio da lavanderia, o batom era progressista e a cueca era do bem.
novembro 2015

Rebaixamento

O Datafolha disse que a percepção do eleitor sobre a economia melhorou. O eleitor, certamente, sabe de alguma coisa que nós não sabemos.
outubro 2014

Mantega diz que entrega a economia melhor do que recebeu. É um ministro coerente: não se afastou um minuto sequer do mundo da lua.
dezembro 2014

Cúpula de emergência reúne Dilma, Toffoli, Mercadante e Cardozo. O país que tem uma cúpula dessas está, de fato, numa emergência.
março 2015

Brasil tem maior retração em vinte anos, na contramão do mundo. Fanático por recordes, acaba de plantar mais quatro anos de devastação.
abril 2015

Corte vai além dos ministérios: Dilma fecha com Google tecnologia do carro sem motorista para conduzir país sem presidente.
junho 2015

Se até Delfim Netto, oráculo do Lula, está constatando o desastre financeiro, o brejo realmente deve ter alcançado a vaca.

Estão dizendo que Dilma deu ao Brasil seu pior agosto. Não é verdade. O que ela nos deu foi a certeza de que o pior será o próximo.
agosto 2015

Após décadas tentando ser rebaixado, o Brasil conseguiu. E mantém a quadrilha no governo, pois em time que está ganhando não se mexe.
setembro 2015

Dilma declara que viu a luz no fim do túnel. Acredita-se que seja o disco voador que veio buscá-la.

BC desiste de cumprir a meta de inflação. Governo desiste de governar. Mas Dilma não desiste de morar de favor no Palácio.
outubro 2015

Banco Central garante que Brasil não está sob "dominância fiscal". É verdade. O Brasil está sob dominância criminal.
dezembro 2015

STF

Corregedor do TSE: auditar a eleição "não é sério". Sério é o advogado de Lula presidir a eleição, e o corregedor obedecer a ele.
novembro 2014

Gilberto Carvalho diz ter "orgulho de pertencer à quadrilha". Finalmente. A briga agora será com o ministro Barroso, que não gosta desse nome.
janeiro 2015

Nova prisão de Renato Duque (movimentando dinheiro roubado) reforça tese de que a soltura dele foi um pedido carinhoso de Lula a Teori Zavascki.
março 2015

Política não pode ser lugar de quem "não deu pra nada", diz ministro Luís Roberto Barroso. Esse aí quer tirar o emprego da presidenta.
abril 2015

Dilma é citada em delações, mas ministro Teori Zavascki nega pedido para investigá-la. A presidenta é inocenta (enquanto tiver amigos como esse).
maio 2015

Ministro Gilmar Mendes: Diante do petrolão, o mensalão hoje seria julgado em juizado de pequenas causas.
outubro 2015

Delcídio é preso e Brasil exclama: "As instituições estão funcionando!" Com o gravador do filho do Cerveró ligado, o STF é mesmo implacável.
novembro 2015

STF atropela o Congresso e trava o impeachment. Foi o filho do Cerveró desligar o gravador e as instituições voltaram a funcionar *à la carte*.
dezembro 2015

Vaccari

Dois ratos foram soltos na audiência de Vaccari na CPI, mas fugiram. Devem ter visto o tesoureiro e pensado: "Não vai sobrar nada pra gente."

"Na dúvida, fique com o companheiro", disse Lula. Agora o companheiro está em cana. Na dúvida, todos para o xadrez.

Dinheiro do petrolão era lavado no Panamá, onde estava a cunhada de Vaccari. Essas coincidências infernizam a vida dos companheiros.

Cunhada de Vaccari diz que recebeu R$ 200 mil do PT por danos morais, aí comprou um apê da Bancoop e o vendeu à OAS... É quase um samba-enredo.
abril 2015

Vaccari e Duque são denunciados por lavagem de dinheiro. Quem vai denunciar o PT por lavagem de Presidência?

Dilma e Zuckerberg vão criar um Facebook social. Já dá para imaginar quantos amigos o Vaccari vai adicionar.
maio 2015

PT aplaude Vaccari e diz que ele apenas seguiu as diretrizes do partido. É mesmo uma injustiça que o ex-tesoureiro esteja preso (sozinho).
junho 2015

Vaccari é condenado a quinze anos e PT exige proibição de doações por empresas (que encheram os bolsos de Vaccari). Deve ser trauma de rico.
setembro 2015

Zelotes

Após a Operação Zelotes (golpe na Receita), PT sonha com a Operação Zelites, para mostrar que só roubou para defender o povo oprimido.

Erenice girou quase R$ 500 milhões fraudando a Receita. Ela era braço direito de Dilma. Se fosse o esquerdo também, chegaria fácil ao bilhão.
abril 2015

Caçula de Lula levou R$ 2,5 milhões por consultoria copiada da Wikipédia. Com esse talento, certamente será um grande palestrante como o pai.
junho 2015

Lobista Marcondes tratava compra de MPs "do jeito *low profile* que só o Gilberto Carvalho sabe fazer". O jeitoso ficou doze anos no Palácio.
julho 2015

Testemunha da parceria de Erenice com lobista que roubava a Receita: ela era "um poço de arrogância". Há quem diga que era apenas a rolha.
setembro 2015

Este livro foi organizado em sequência alfabética para facilitar a compreensão do incompreensível. Ele é dedicado a todas as crianças brasileiras que se alfabetizaram em dilmês — uma espécie de caixa dois do português — e que passarão as próximas décadas limpando a sujeira deixada pela elite vermelha.

Este livro foi composto na tipologia Warnock
Pro Regular, em corpo 11,5/16, e impresso
em papel off-white no Sistema Cameron da
Divisão Gráfica da Distribuidora Record.